Der Glasball

Ein altes englisches Märchen
in Bildern neu erzählt von
Sabine Friedrichson

Beltz & Gelberg

Es war einmal eine Frau, die hatte zwei Töchter. Jeder schenkte sie einen wunderschönen Ball aus Glas, und sie machte ihnen damit eine große Freude. Als die beiden Mädchen einmal miteinander spielten, warf die eine ihren Ball über die Mauer in einen fremden Garten. Dieser Garten gehörte einem sonderbaren Fuchs, der niemals mit den Nachbarn sprach. Das Mädchen, das den Ball in den Garten geworfen hatte, fürchtete sich sehr vor diesem Fuchs. Aber sie wollte ihren Ball unbedingt wiederhaben, und so sagte sie sich:

Also nahm sie allen Mut zusammen und ging zum Haus des Fuchses hinüber. Zaghaft klopfte sie an seine Tür.

Der Fuchs öffnete selbst. Das Mädchen fragte ihn, ob sie ihren Glasball aus seinem Garten holen dürfe.

Das Mädchen liebte ihren Ball so sehr, daß sie einwilligte, im Fuchshaus zu wohnen. Sie fühlte sich dort sehr wohl und war glücklich. Vom Fuchs sah sie wenig, denn er war meistens nicht da. Jeden Morgen ging er früh fort, und erst spät in der Nacht kam er wieder zurück.

Eines Morgens, als der Fuchs wieder fortgehen wollte, rief er das Mädchen zu sich und sagte:
ICH WERDE EINE WEILE WEG SEIN, DOCH SOLANGE ICH WEG BIN, DARFST DU DAS GESCHIRR NICHT ABSPÜLEN, DEN BODEN NICHT FEGEN, DIE STÜHLE NICHT ABSTAUBEN, DEN GESCHIRRSCHRANK NICHT ÖFFNEN UND NICHT UNTER MEIN BETT SCHAUEN!

Das Mädchen versprach, dies alles nicht zu tun, und der Fuchs ging fort. Aber kaum war er gegangen, da fragte sich das Mädchen, warum er ihr das alles wohl verboten hatte.

Zuerst wusch sie das Geschirr ab, und als sie eben damit fertig war, fiel ein großer Beutel voll Kupfer vor ihr in den Spülstein.

Als nächstes fegte sie die Küche aus, und kaum hatte sie das getan, fiel ein Beutel voll Silber auf den Boden.

Dann staubte sie die Stühle ab, als ein Sack voll Gold herabfiel.

Dann öffnete sie den Geschirrschrank, und da lag ihr Glasball! Sie klatschte vor Freude in die Hände,

stieg die Treppe hoch und sah unter das Bett – da war der Fuchs!

Das Mädchen bekam einen furchtbaren Schreck. Sie rannte die Treppe hinunter, rannte durch den Garten und immer weiter.

Schließlich kam sie auf eine Landstraße. Dort traf sie ein Pferd, und sie sagte zu ihm:

Dann traf sie ein Maultier.

Ein Stückchen weiter traf sie eine Kuh.

Dann traf sie einen Hund.

Dann traf sie eine Katze.
SCHWÖR'S BEI DEINER TATZE, LIEBE KATZE: KOMMT MEIN FUCHS ZU DIR, ERZÄHL IHM NICHTS VON MIR.
TU ICH NICHT.

Zuletzt traf sie eine Eule.

Aber der Fuchs war dem Mädchen gefolgt, und er

kam auf dieselbe Landstraße und traf dort dasselbe Pferd.

Dann traf er das Maultier.
LIEBES MAULTIER, SAGE MIR: WAR HEUTE SCHON MEIN MÄDCHEN HIER?
GERADE EBEN!

Ein Stückchen weiter traf er die Kuh.

Dann traf er den Hund.
LIEBER HUND, SAGE MIR: WAR HEUTE SCHON MEIN MÄDCHEN HIER?
GERADE EBEN!

Ein Stückchen weiter traf er die Katze.

Zuletzt traf er die Eule.

DU MUSST ÜBER DIESE SCHRANKE UND QUER DURCH DAS FELD! DORT, HINTER DEM WALD, DORT WIRST DU SIE FINDEN.
UND WO LIEF SIE HIN?

Da sprang der Fuchs los, über die Schranke und quer durch das Feld in den Wald hinein. Aber seitdem hat

man nichts mehr von ihnen gehört, weder vom Fuchs und dem Mädchen noch von dem Ball aus Glas.

Sabine Friedrichson, geboren 1948, studierte an der Fachhochschule für Gestaltung in Hamburg, wo sie seit 1970 als freischaffende Illustratorin lebt. Für »Fundevogel und andere Lieblingsmärchen« erhielt sie 1979 den *Oldenburger Kinder- und Jugendbuchpreis*, für ihre Illustrationen zu H. C. Andersen »Mutter Holunder« wurde sie mit der *Plakette der Biennale der Illustratoren in Bratislava 1983* und mit dem Prädikat »besonders erwähnenswert« beim *Premio Grafico Fiera di Bologna 1983* sowie mit der Aufnahme in der *Ehrenliste des Hans-Christian-Andersen-Preises 1984* ausgezeichnet. Beide Werke erschienen im Programm Beltz & Gelberg.

Programm Beltz & Gelberg, Weinheim

Aus dem Englischen von Sabine Friedrichson
Lektorat Barbara Gelberg
Gesamtausstattung Sabine Friedrichson
Gesamtherstellung
Druckhaus Beltz, 69494 Hemsbach
Printed in Germany
ISBN 3 407 79155 0